SUS
MEJORES
POEMAS

NERUDA

© 2004, **El Mercurio S.A.P.**
© De esta edición:
2004, **Aguilar Chilena de Ediciones S.A.**
Dr. Aníbal Ariztía 1444, Providencia,
Santiago de Chile.
Empresa El Mercurio S.A.P.
Avda. Santa María 5542, Vitacura,
Santiago de Chile.

* **Aguilar, Altea, Taurus, Alfaguara S.A. de Ediciones**
Beazley 3860, 1437 Buenos Aires, Argentina.
* **Santillana de Ediciones S.A.**
Avda. Arce 2333, entre Rosendo Gutiérrez
y Belisario Salinas, La Paz, Bolivia.
* **Distribuidora y Editora Aguilar, Altea, Taurus, Alfaguara S.A.**
Calle 80 Núm. 10-23, Santa Fé de Bogotá, Colombia.
* **Santillana S.A.**
Avda. Eloy Alfaro 2277 y 6 de Diciembre, Quito, Ecuador.
* **Santillana Ediciones Generales S.L.**
Torrelaguna 60, 28043 Madrid, España.
* **Santillana Publishing Company Inc.**
2043 N.W. 87 th Avenue, 33172, Miami, Fl., EE.UU.
* **Aguilar, Altea, Taurus, Alfaguara S.A. de C.V.**
Avda. Universidad 767, Colonia del Valle, México D.F. 03100.
* **Santillana S.A.**
Avda. Venezuela Nº 276 e/ Mcal. López y España,
Asunción, Paraguay.
* **Santillana S.A.**
Avda. San Felipe 731, Jesús María, Lima, Perú.
* **Ediciones Santillana S.A.**
Constitución 1889, 11800 Montevideo, Uruguay.
* **Editorial Santillana S.A.**
Avda. Rómulo Gallegos, Edif. Zulia 1er piso
Boleita Nte., 1071, Caracas, Venezuela.

ISBN: 956-239-298-8
Inscripción Nº 137.928
Impreso en Chile/Printed in Chile
Primera edición: febrero de 2004
Segunda edición: mayo de 2004

Diseño diagramación y portada:
Paula Montero Ward.

Ilustraciones interiores:
Pablo Neruda, gentileza Thiago de Mello

Fotografía portada y contraportada:
Gentileza Fundación Neruda.

SUS
MEJORES
POEMAS

Selección y
prólogo de
José Miguel
Ibáñez
Langlois

EL MERCURIO
AGUILAR

NERUDA

ÍNDICE

PRÓLOGO

Por dos motivos es Neruda uno de los grandes poetas del siglo xx: por el timbre único e inconfundible que arrancó al idioma castellano, y por la enorme amplitud de su registro temático y formal, es decir, por la variedad de lenguajes y por la pluralidad de mundos que abarcó. A la manera de Balzac o de Picasso, fue un hombre de la magnitud de su siglo. Estas dimensiones se corresponden con la abundancia de su obra —alrededor de tres mil páginas— durante el largo tiempo de su escritura: más de cinco décadas —de 1921 a 1974—, que fueron particularmente intensas en la historia literaria y mundial. Fue así un joven poeta romántico, postromántico, modernista; un alto exponente de las vanguardias, ligado sobre todo al surrealismo; un poeta claro, casi didáctico, de trinchera, afín al realismo socialista; un neoclásico maduro y sentencioso... Y en la multitud de sus estilos abrazó la estela de angustia de la primera postguerra, la Revolución Soviética, la Guerra Civil Española y la Segunda Guerra Mundial; el conflicto de clases y razas en América Latina, el despertar del indigenismo y la guerra fría; una suerte de preecologismo, y las múltiples vicisitudes de la política nacional... En otro orden de cosas, pulsó todas las cuerdas sensoriales del erotismo, y recogió todas las vibraciones de la naturaleza —desde el canto de los pájaros hasta la erupción de los volcanes—, sobre todo de la naturaleza americana y, en primer lugar, chilena.

A su vez, el timbre más personal de Neruda es un clamor ronco y confuso que parece provenir de las entrañas terrestres; un acento a la vez hipnótico y sonámbulo, como si la materia misma hablara por su verso: como si se hubiera otorgado conciencia, música y palabra a las honduras vegetales y minerales del planeta. De allí ese tipo de metáfora y ese modo de adjetivar que lo distinguen a la legua entre las mil voces de la poesía contemporánea: "noches deshilachadas hasta la última harina:/ estambres agredidos de la patria nupcial"; "las hojas de color de ronco azufre"; "o sueños que salen de mi corazón a borbotones,/ polvorientos sueños que corren como jinetes negros,/ sueños llenos de velocidades y desgracias". Pocos poetas de habla castellana pudieron sustraerse a la magia de esta palabra telúrica: "hundí la mano turbulenta y dulce/ en lo más genital de lo terrestre.// Puse la frente entre las olas profundas,/ descendí como gota entre la paz sulfúrica,/ y, como un ciego, regresé al jazmín/ de la gastada primavera humana".

Esta poesía de la materia arraiga a la vez, y muy hondo, en el ímpetu primordial del inconsciente. Por eso sobreabunda en hallazgos netamente intuitivos, abruptos, sorprendentes; casi ciegos, se diría, si no fuera que esos rasgos pueden oscurecer los de carácter contrario, no menos notables. Me refiero sobre todo a la inteligencia musical de Neruda, a la vez instintiva y elaborada, en el arte del verso: el eneasílabo, cuyo gusto —raro en castellano— comparte con la Mistral; el verso breve y entrecortado de las *Odas*, casi puro encabalgamiento; el octosílabo, por supuesto, pero también la íntegra familia italiana del heptasílabo y el endecasílabo, así como el alejandrino francés; sin omitir la más secreta respiración de su verso libre. Me parece que, en el ámbito hispanoamericano, el oído de Neruda solo admite comparación con el de Rubén Darío.

La obra de nuestro autor es vasta y torrencial como una fuerza de la naturaleza. Pudo escribir "los versos más tristes", y desde luego los más llenos de angustia, pero también los más jubilosos, apasionados, leves, vociferantes, herméticos, transparentes, íntimos, épicos, meditabundos, a lo largo de una creación que él entendió, a la manera de Víctor Hugo, como "trabajo y cantidad". En ese sentido, contrasta con la depuración selectiva y con la autocrítica de Gabriela Mistral y de Nicanor Parra, cuyas obras completas caben de sobra en las páginas de un solo libro de los treinta de Neruda, no ya obviamente del *Canto general*, sino —valga el ejemplo— de *Las uvas y el viento*. Esta longitud nerudiana tiene, como es natural, sus luces y sombras, su grandeza y su limitación. Por una parte, las más altas cumbres de su obra son tan espléndidas como variadas, y se contienen sobre todo en las dos primeras *Residencias*, en las «Alturas de Macchu Picchu» y en las *Odas elementales*, aunque también se diseminan en desigual medida entre sus demás títulos. Asimismo, esas cumbres suelen estar separadas por extensas llanuras de versificación mediocre, que se hacen más y más amplias desde 1958 hasta su muerte en 1973. Pero debe agregarse que así suelen sobrevivir los grandes poetas, de Safo a Eliot, de

Catulo a Rilke: por un pequeño puñado de poemas. La inmortalidad de Neruda tiene una base relativamente extensa, como espero que se trasluzca bien en la presente selección. Lo heterogéneo y desigual de su obra exige un mínimo itinerario de lectura, que esbozo aquí siguiendo un orden cronológico.

Todos los aires de época de *Crepusculario* (1923) —el amor de los marineros, los crepúsculos y los otoños, las figuras mitológicas— no consiguen opacar el aliento juvenil y fresco de esa poesía primeriza. Más aún, allí se adivinan ya el timbre de lenguaje y la substancia sensorial que sus libros ulteriores ampliarán en efecto estereofónico. Es lo que empieza a ocurrir un año después, en los *Veinte poemas de amor y una canción desesperada* (1924), que seguimos valorando hoy, casi como si no les hubiera pasado el tiempo, por su diáfana vitalidad, por su popularidad inalterada, y por el sentimiento imborrable de las pasiones primeras, anunciadoras de la pertinaz vocación erótica del autor.

Residencia en la tierra, con sus dos volúmenes escritos entre 1925 y 1935, representa uno de los ciclos poéticos más altos de las letras americanas. Es allí donde irrumpe ya maduro el nuevo y más característico lenguaje nerudiano: un lenguaje uniforme y compacto, reiterado y sordo, remoto como la entraña misma de la materia elemental, que consigue expresar por transmisión casi física la intuición visceral de un mundo que se deshace, de una duración ciega, de un derrumbe infinito; allí el hombre "sucede" impersonalmente, "como un naufragio hacia adentro", rodeado por las fermentaciones de una naturaleza enferma, y por la abyecta realidad humana de bodegas, lenocinios, tiendas ortopédicas o empresas funerarias. Su acento formal se suele asociar al surrealismo, pero esta relación es vaga y oblicua —casi un aire de época— porque aun el Neruda más hermético dista mucho de la libertad onírica y de la gratuidad lúdica de las imágenes: en el fondo es siempre un poeta realista, ligado a la experiencia inmediata de la vida, por más que su expresión busque caminos subliminales y oscuros.

La *Tercera residencia* (1935-1945), muy distinta e inferior a las otras dos, marca el punto de inflexión central en la vida y en la escritura del poeta. Por una parte, la angustia y el pesimismo de su obra anterior, que parecían haber llegado ya a un límite insoportable, se transmutan ahora en optimismo combativo a partir de la «Reunión bajo las nuevas banderas»: su adhesión militante al comunismo soviético. En lo formal, Neruda inicia aquí su tránsito del verbo oscuro al decir claro: de la dominante oscuridad lírica a la nueva claridad épica, a un lenguaje documental, de crónica histórica, de epopeya, de abominación y celebración, de diatriba y panegírico. "La metafísica cubierta de amapolas" cede paso a una especie de realismo socialista, de dispareja calidad.

Este giro radical tendrá descendencia americana en el voluminoso *Canto general* (1950), titánico esfuerzo por dar expresión épica a la naturaleza y la historia entera del

Nuevo Mundo, ríos y cordilleras, conquista y liberación, con un marcado acento indigenista y revolucionario. Este monumento histórico y geopolítico no puede juzgarse solo como obra literaria, pero tampoco puede eximirse de ser leído como poesía, en sus muchas páginas de descripción monótona, de libelo de circunstancias, de invectiva política. En el *Canto* comienzan a alterarse negativamente las proporciones entre cantidad y calidad en la obra nerudiana, al mismo tiempo que la voz del hablante empieza a tejer la mitología ególatra de sí mismo, del Poeta Neruda como centro del universo.

Pero no debe olvidarse que el *Canto general* incluye, casi al inicio, ese extraordinario poema que es «Alturas de Macchu Picchu» con sus doce cantos, todavía —por fortuna— tributarios del vuelo creador y del timbre verbal de las dos *Residencias*. En la poesía contemporánea, «Alturas» —como poema largo y orgánico— solo puede ser comparado con los *Cuartetos* de Eliot, con los *Cantos* de Ezra Pound, con el *Anabasis* de Saint-John Perse, por la dimensión épica, arcaica y fundacional que los inspira. Pero mientras estos grandes poemas europeos, no obstante su sabiduría, padecen el peso de la cultura libresca y de las referencias literarias, la inmersión nerudiana en la América profunda —pasado incaico y futuro universal— posee un arraigo telúrico y una magia verbal que se nos imponen con una inmediatez sobrecogedora, por encima de todo arcaísmo "culto". El lenguaje es primordial, intuitivo, deslumbrante, como si también la palabra naciera de la misma oscura emoción de los orígenes. Neruda nos sumerge con una violencia magnética en el sufrimiento y el esplendor de una América enterrada, en "la cuna del relámpago y del hombre", como si la propia historia fuera una energía de la naturaleza.

Entre los libros que siguen al *Canto general*, hay un trío que señala una nueva y muy alta cota en la obra nerudiana: *Odas elementales* (1954), *Nuevas odas elementales* (1956) y *Tercer libro de las odas* (1957). Es formidable el contraste entre las *Residencias* y las *Odas* —las dos antípodas de Neruda— mediando la transición de las «Alturas» (los tres momentos superiores de su obra, como ya sugerí). Las *Odas elementales* están llenas de una gracia alada, de un aire festivo, de una alegría de vivir nunca antes vista en nuestro autor. Por de pronto, están escritas en un programático tono menor, que se manifiesta a simple vista en la disposición entrecortada del verso encabalgado, jadeante, bailarín, de no más de dos, cuatro, siete sílabas. A su vez, los seres elementales de la naturaleza, que son el objeto de estos festivos cantos, constituyen el polo opuesto de aquellas materias sordas, confusas y opresivas de *Residencia en la tierra:* las odas celebran un mundo luminoso y simple donde habitan los pequeños seres del canto: la alcachofa, el átomo, el caldillo de congrio, la flor azul, la ola, el murmullo, el vino, aunque también los calcetines, la tipografía, la bicicleta, el cine de pueblo, las tijeras, el barco pesquero, pero esta vez sin la menor sombra de lo sórdido que oscurecía ese mundo urbano en las *Residencias*. Así como en éstas todo se pudría o sofocaba el alma —naturaleza y civilización—, en las *Odas* una y otra brillan con destellos amistosos. La imaginería, en correspondencia con el verso corto y juguetón, es ligera y casi ingrávida, clara y directa, no exenta a ratos de humor, y nos muestra al poeta maduro ya reconciliado con el mundo.

Los tres ejes temáticos de la obra nerudiana son el amor, la naturaleza y la sociedad política. En ellos se manifiesta un poeta de tal sensibilidad para la materia elemental, de tanta sensualidad para todas las substancias del universo físico, de tal conexión inmediata con lo corpóreo, que bien podríamos atribuirle un "materialismo poético", quitando al primer término toda connotación valorativa: se trata de un hecho idiosincrático y verbal. Al amor, por ejemplo —y desde los *Veinte poemas...* hasta los *Cien sonetos de amor*—, nuestro poeta le explora por excelencia el espesor carnal, las inflexiones orgánicas, las dimensiones sensoriales del erotismo: "Plena mujer, manzana carnal, luna caliente/, espeso aroma de algas, lodo y luz machacados...". A la vez, su sentido de la naturaleza es por excelencia primario y casi salvaje, no impregnado de subjetividad ni de cultura ni de Dios ni de dioses, como en otras latitudes, sino sensual y táctil, fascinado por las texturas de lo concreto. Buena parte de su obra, como se aprecia en sus títulos, es un extenso inventario de los elementos, de las piedras, de las aguas, de los pájaros de Chile: "Luego tocamos cada piedra,/ decimos:/ —Esta es anaranjada/ —Esta es ferruginosa./ —Esta es el arcoiris./ —Esta es de puro imán./ —Esta es una paloma./ —Esta tiene ojos verdes".

Por último, también la historia y la política se le convierten a Neruda en cosa sensible: en geografía y naturaleza. Así los habitantes del *Canto general*, su obra más histórica, son como emanaciones de la tierra: "de la tierra suben sus héroes/ como las hojas por la savia", y a la tierra vuelven: "la dura tierra extraña aguarda sus calaveras/ que suenan en el pánico austral como cornetas". Las materias políticas han cobrado fuerza poética cuando han tomado en Neruda la forma del sentimiento inmediato, y entonces ha escrito penetrante poesía social; pero la carga abstracta de la ideología, de la apología, de la consigna han debilitado su palabra poética.

Ya como roedor subterráneo o buzo ciego de las aguas madres, ya como espectador atento y maestro natural de la vida, ya en sus mil formas intermedias, Pablo Neruda es un poeta proteico, espontáneo y sabio como la naturaleza misma, que ha expresado en forma única y personalísima a la América Hispana del siglo XX.

DE
CREPUSCULARIO

FAREWELL

1

Desde el fondo de ti, y arrodillado,
un niño triste, como yo, nos mira.

Por esa vida que arderá en sus venas
tendrían que amarrarse nuestras vidas.

Por esas manos, hijas de tus manos,
tendrían que matar las manos mías.

Por sus ojos abiertos en la tierra
veré en los tuyos lágrimas un día.

2

YO NO lo quiero, Amada.

Para que nada nos amarre
que no nos una nada.

Ni la palabra que aromó tu boca,
ni lo que no dijeron las palabras.

Ni la fiesta de amor que no tuvimos,
ni tus sollozos junto a la ventana.

3

(AMO el amor de los marineros
que besan y se van.

Dejan una promesa.
No vuelven nunca más.

En cada puerto una mujer espera:
los marineros besan y se van.

Una noche se acuestan con la muerte
en el lecho del mar.)

4

AMO el amor que se reparte
en besos, lecho y pan.

Amor que puede ser eterno
y puede ser fugaz.

Amor que quiere libertarse
para volver a amar.

Amor divinizado que se acerca
Amor divinizado que se va.

5

YA NO se encantarán mis ojos en tus ojos,
ya no se endulzará junto a ti mi dolor.

Pero hacia donde vaya llevaré tu mirada
y hacia donde camines llevarás mi dolor.

Fui tuyo, fuiste mía. Qué más? Juntos hicimos
un recodo en la ruta donde el amor pasó.

Fui tuyo, fuiste mía. Tú serás del que te ame,
del que corte en tu huerto lo que he sembrado yo.

Yo me voy. Estoy triste: pero siempre estoy triste.
Vengo desde tus brazos. No sé hacia dónde voy.

...Desde tu corazón me dice adiós un niño.
Y yo le digo adiós.

LA TARDE SOBRE LOS TEJADOS

(Lentísimo)

La tarde sobre los tejados
cae
y cae...
Quién le dio para que viniera
alas de ave?

Y este silencio que lo llena
todo,
desde qué país de astros
se vino solo?

Y por qué esta bruma
—plúmula trémula—
beso de lluvia
—sensitiva—

cayó en silencio —y para siempre—
sobre mi vida?

DE

VEINTE POEMAS DE AMOR Y UNA CANCIÓN DESESPERADA

1

CUERPO de mujer, blancas colinas, muslos blancos,
te pareces al mundo en tu actitud de entrega.
Mi cuerpo de labriego salvaje te socava
y hace saltar el hijo del fondo de la tierra.

Fui solo como un túnel. De mí huían los pájaros
y en mí la noche entraba su invasión poderosa.
Para sobrevivirme te forjé como un arma,
como una flecha en mi arco, como una piedra en mí
      honda.

Pero cae la hora de la venganza, y te amo.
Cuerpo de piel, de musgo, de leche ávida y firme.
Ah los vasos del pecho! Ah los ojos de ausencia!
Ah las rosas del pubis! Ah tu voz lenta y triste!

Cuerpo de mujer mía, persistiré en tu gracia.
Mi sed, mi ansia sin límite, mi camino indeciso!
Oscuros cauces donde la sed eterna sigue,
y la fatiga sigue, y el dolor infinito.

15

ME gustas cuando callas porque estás como ausente,
y me oyes desde lejos, y mi voz no te toca.
Parece que los ojos se te hubieran volado
y parece que un beso te cerrara la boca.

Como todas las cosas están llenas de mi alma
emerges de las cosas, llena del alma mía.
Mariposa de sueño, te pareces a mi alma,
y te pareces a la palabra melancolía.

Me gustas cuando callas y estás como distante.
Y estás como quejándote, mariposa en arrullo.
Y me oyes desde lejos, y mi voz no te alcanza:
déjame que me calle con el silencio tuyo.

Déjame que te hable también con tu silencio
claro como una lámpara, simple como un anillo.
Eres como la noche, callada y constelada.
Tu silencio es de estrella, tan lejano y sencillo.

Me gustas cuando callas porque estás como ausente.
Distante y dolorosa como si hubieras muerto.
Una palabra entonces, una sonrisa bastan.
Y estoy alegre, alegre de que no sea cierto.

20

PUEDO escribir los versos más tristes esta noche.

Escribir, por ejemplo: "La noche está estrellada,
y tiritan, azules, los astros, a lo lejos".

El viento de la noche gira en el cielo y canta.

Puedo escribir los versos más tristes esta noche.
Yo la quise, y a veces ella también me quiso.

En las noches como ésta la tuve entre mis brazos.
La besé tantas veces bajo el cielo infinito.

Ella me quiso, a veces yo también la quería.
Cómo no haber amado sus grandes ojos fijos.

Puedo escribir los versos más tristes esta noche.
Pensar que no la tengo. Sentir que la he perdido.

Oír la noche inmensa, más inmensa sin ella.
Y el verso cae al alma como al pasto el rocío.

Qué importa que mi amor no pudiera guardarla.
La noche está estrellada y ella no está conmigo.

Eso es todo. A lo lejos alguien canta. A lo lejos.
Mi alma no se contenta con haberla perdido.

Como para acercarla mi mirada la busca.
Mi corazón la busca, y ella no está conmigo.

La misma noche que hace blanquear los mismos
        árboles.
Nosotros, los de entonces, ya no somos los mismos.

Ya no la quiero, es cierto, pero cuánto la quise.
Mi voz buscaba el viento para tocar su oído.

De otro. Será de otro. Como antes de mis besos.
Su voz, su cuerpo claro. Sus ojos infinitos.

Ya no la quiero, es cierto, pero tal vez la quiero.
Es tan corto el amor, y es tan largo el olvido.

Porque en noches como ésta la tuve entre mis
        brazos,
mi alma no se contenta con haberla perdido.

Aunque éste sea el último dolor que ella me causa,
y éstos sean los últimos versos que yo le escribo.

DE
RESIDENCIA
EN LA TIERRA

GALOPE MUERTO

COMO cenizas, como mares poblándose,
en la sumergida lentitud, en lo informe,
o como se oyen desde el alto de los caminos
cruzar las campanadas en cruz,
teniendo ese sonido ya aparte del metal,
confuso, pesando, haciéndose polvo
en el mismo molino de las formas demasiado lejos,
o recordadas o no vistas,
y el perfume de las ciruelas que rodando a tierra
se pudren en el tiempo, infinitamente verdes.

Aquello todo tan rápido, tan viviente,
inmóvil sin embargo, como la polea loca en sí misma,
esas ruedas de los motores, en fin.
Existiendo como las puntadas secas en las costuras del árbol,
callado, por alrededor, de tal modo,
mezclando todos los limbos sus colas.
Es que de dónde, por dónde, en qué orilla?
El rodeo constante, incierto, tan mudo,
como las lilas alrededor del convento,
o la llegada de la muerte a la lengua del buey
que cae a tumbos, guardabajo, y cuyos cuernos quieren sonar.

Por eso, en lo inmóvil, deteniéndose, percibir,
entonces, como aleteo inmenso, encima,
como abejas muertas o números,
ay, lo que mi corazón pálido no puede abarcar,
en multitudes, en lágrimas saliendo apenas,
y esfuerzos humanos, tormentas,

acciones negras descubiertas de repente
como hielos, desorden vasto,
oceánico, para mí que entro cantando,
como con una espada entre indefensos.

Ahora bien, de qué está hecho ese surgir de palomas
que hay entre la noche y el tiempo, como una barranca
                        húmeda?
Ese sonido ya tan largo
que cae listando de piedras los caminos,
más bien, cuando sólo una hora
crece de improviso, extendiéndose sin tregua.

Adentro del anillo del verano
una vez los grandes zapallos escuchan,
estirando sus plantas conmovedoras,
de eso, de lo que solicitándose mucho,
de lo lleno, oscuros de pesadas gotas.

ARTE POÉTICA

ENTRE sombra y espacio, entre guarniciones y doncellas,
dotado de corazón singular y sueños funestos,
precipitadamente pálido, marchito en la frente
y con luto de viudo furioso por cada día de vida,
ay, para cada agua invisible que bebo soñolientamente
y de todo sonido que acojo temblando,
tengo la misma sed ausente y la misma fiebre fría
un oído que nace, una angustia indirecta,
como si llegaran ladrones o fantasmas,
y en una cáscara de extensión fija y profunda,
como un camarero humillado, como una campana un poco
        ronca,
como un espejo viejo, como un olor de casa sola
en la que los huéspedes entran de noche perdidamente ebrios,
y hay un olor de ropa tirada al suelo, y una ausencia de flores
—posiblemente de otro modo aún menos melancólico—,
pero, la verdad, de pronto, el viento que azota mi pecho,
las noches de substancia infinita caídas en mi dormitorio,
el ruido de un día que arde con sacrificio
me piden lo profético que hay en mí, con melancolía
y un golpe de objetos que llaman sin ser respondidos
hay, y un movimiento sin tregua, y un nombre confuso.

CABALLERO SOLO

LOS jóvenes homosexuales y las muchachas amorosas,
y las largas viudas que sufren el delirante insomnio,
y las jóvenes señoras preñadas hace treinta horas,
y los roncos gatos que cruzan mi jardín en tinieblas,
como un collar de palpitantes ostras sexuales
rodean mi residencia solitaria,
como enemigos establecidos contra mi alma,
como conspiradores en traje de dormitorio
que cambiaran largos besos espesos por consigna.

El radiante verano conduce a los enamorados
en uniformes regimientos melancólicos,
hechos de gordas y flacas y alegres y tristes parejas:
bajo los elegantes cocoteros, junto al océano y la luna,
hay una continua vida de pantalones y polleras,
un rumor de medias de seda acariciadas,
y senos femeninos que brillan como ojos.

El pequeño empleado, después de mucho,
después del tedio semanal, y las novelas leídas de noche en
        cama
ha definitivamente seducido a su vecina,
y la lleva a los miserables cinematógrafos
donde los héroes son potros o príncipes apasionados,
y acaricia sus piernas llenas de dulce vello
con sus ardientes y húmedas manos que huelen a cigarrillo.

Los atardeceres del seductor y las noches de los esposos
se unen como dos sábanas sepultándome,

y las horas después del almuerzo en que los jóvenes estudiantes
y las jóvenes estudiantes, y los sacerdotes se masturban,
y los animales fornican directamente,
y las abejas huelen a sangre, y las moscas zumban coléricas,
y los primos juegan extrañamente con sus primas,
y los médicos miran con furia al marido de la joven paciente,
y las horas de la mañana en que el profesor, como por descuido,
cumple con su deber conyugal y desayuna,
y más aún, los adúlteros, que se aman con verdadero amor
sobre lechos altos y largos como embarcaciones:
seguramente, eternamente me rodea
este gran bosque respiratorio y enredado
con grandes flores como bocas y dentaduras
y negras raíces en forma de uñas y zapatos.

RITUAL DE MIS PIERNAS

LARGAMENTE he permanecido mirando mis largas piernas,
con ternura infinita y curiosa, con mi acostumbrada pasión,
como si hubieran sido las piernas de una mujer divina
profundamente sumida en el abismo de mi tórax:
y es que, la verdad, cuando el tiempo, el tiempo pasa,
sobre la tierra, sobre el techo, sobre mi impura cabeza,
y pasa, el tiempo pasa, y en mi lecho no siento de noche que
        una mujer está respirando, durmiendo desnuda y a mi
        lado,
entonces, extrañas, oscuras cosas toman el lugar de la ausente,
viciosos, melancólicos pensamientos
siembran pesadas posibilidades en mi dormitorio,
y así, pues, miro mis piernas como si pertenecieran a otro
        cuerpo,
y fuerte y dulcemente estuvieran pegadas a mis entrañas.

Como tallos o femeninas, adorables cosas,
desde las rodillas suben, cilíndricas y espesas,
con turbado y compacto material de existencia;
como brutales, gruesos brazos de diosa,
como árboles monstruosamente vestidos de seres humanos,
como fatales, inmensos labios sedientos y tranquilos,
son allí la mejor parte de mi cuerpo:
lo enteramente substancial, sin complicado contenido
de sentidos o tráqueas o intestinos o ganglios:
nada, sino lo puro, lo dulce y espeso de mi propia vida,
guardando la vida, sin embargo, de una manera completa.

Las gentes cruzan el mundo en la actualidad
sin apenas recordar que poseen un cuerpo y en él la vida,
y hay miedo, hay miedo en el mundo de las palabras que
       designan el cuerpo,
y se habla favorablemente de la ropa,
de pantalones es posible hablar, de trajes,
y de ropa interior de mujer (de medias y ligas de "señora"),
como si por las calles fueran las prendas y los trajes vacíos
       por completo
y un oscuro y obsceno guardarropas ocupara el mundo.

Tienen existencia los trajes, color, forma, designio,
y profundo lugar en nuestros mitos, demasiado lugar,
demasiados muebles y demasiadas habitaciones hay en el
       mundo,
y mi cuerpo vive entre y bajo tantas cosas abatido,
con un pensamiento fijo de esclavitud y de cadenas.
Bueno, mis rodillas, como nudos,
particulares, funcionarios, evidentes,
separan las mitades de mis piernas en forma seca:
y en realidad dos mundos diferentes, dos sexos diferentes
no son tan diferentes como las dos mitades de mis piernas.
Desde la rodilla hasta el pie una forma dura,
mineral, fríamente útil, aparece,
una criatura de hueso y persistencia,
y los tobillos no son ya sino el propósito desnudo,
la exactitud y lo necesario dispuestos en definitiva.

Sin sensualidad, cortas y duras, y masculinas,
son allí mis piernas, y dotadas
de grupos musculares como animales complementarios,
y allí también una vida, una sólida, sutil, aguda vida

sin temblar permanece, aguardando y actuando.
En mis pies cosquillosos,
y duros como el sol, abiertos como flores,
y perpetuos, magníficos soldados
en la guerra gris del espacio,
todo termina, la vida termina definitivamente en mis pies,
lo extranjero y lo hostil allí comienza:
los nombres del mundo, lo fronterizo y lo remoto,
lo sustantivo y lo adjetivo que no caben en mi corazón
con densa y fría constancia allí se originan.

Siempre,
productos manufacturados, medias, zapatos,
o simplemente aire infinito,
habrá entre mis pies y la tierra
extremando lo aislado y lo solitario de mi ser,
algo tenazmente supuesto entre mi vida y la tierra,
algo abiertamente invencible y enemigo.

DE
RESIDENCIA
EN LA TIERRA II

SÓLO LA MUERTE

HAY cementerios solos,
tumbas llenas de huesos sin sonido,
el corazón pasando un túnel
oscuro, oscuro, oscuro,
como un naufragio hacia adentro nos morimos,
como ahogarnos en el corazón,
como irnos cayendo desde la piel al alma.

Hay cadáveres,
hay pies de pegajosa losa fría,
hay la muerte en los huesos,
como un sonido puro,
como un ladrido sin perro,
saliendo de ciertas campanas, de ciertas tumbas,
creciendo en la humedad como el llanto o la lluvia.

Yo veo, solo, a veces,
ataúdes a vela
zarpar con difuntos pálidos, con mujeres de trenzas muertas,
con panaderos blancos como ángeles,
con niñas pensativas casadas con notarios,
ataúdes subiendo el río vertical de los muertos,
el río morado,
hacia arriba, con las velas hinchadas por el sonido de la muerte,
hinchadas por el sonido silencioso de la muerte.

A lo sonoro llega la muerte
como un zapato sin pie, como un traje sin hombre,
llega a golpear con un anillo sin piedra y sin dedo,

llega a gritar sin boca, sin lengua, sin garganta.
Sin embargo sus pasos suenan
y su vestido suena, callado, como un árbol.

Yo no sé, yo conozco poco, yo apenas veo,
pero creo que su canto tiene color de violetas húmedas,
de violetas acostumbradas a la tierra,
porque la cara de la muerte es verde,
y la mirada de la muerte es verde,
con la aguda humedad de una hoja de violeta
y su grave color de invierno exasperado.

Pero la muerte va también por el mundo vestida de escoba,
lame el suelo buscando difuntos,
la muerte está en la escoba,
es la lengua de la muerte buscando muertos,
es la aguja de la muerte buscando hilo.
La muerte está en los catres:
en los colchones lentos, en las frazadas negras
vive tendida, y de repente sopla:
sopla un sonido oscuro que hincha sábanas,
y hay camas navegando a un puerto
en donde está esperando, vestida de almirante.

WALKING AROUND

SUCEDE que me canso de ser hombre.
Sucede que entro en las sastrerías y en los cines
marchito, impenetrable, como un cisne de fieltro
navegando en un agua de origen y ceniza.

El olor de las peluquerías me hace llorar a gritos.
Sólo quiero un descanso de piedras o de lana,
sólo quiero no ver establecimientos ni jardines,
ni mercaderías, ni anteojos, ni ascensores.

Sucede que me canso de mis pies y mis uñas
y mi pelo y mi sombra.
Sucede que me canso de ser hombre.

Sin embargo sería delicioso
asustar a un notario con un lirio cortado
o dar muerte a una monja con un golpe de oreja.
Sería bello
ir por las calles con un cuchillo verde
y dando gritos hasta morir de frío.

No quiero seguir siendo raíz en las tinieblas,
vacilante, extendido, tiritando de sueño,
hacia abajo, en las tapias mojadas de la tierra,
absorbiendo y pensando, comiendo cada día.

No quiero para mí tantas desgracias.
No quiero continuar de raíz y de tumba,
de subterráneo solo, de bodega con muertos

ateridos, muriéndome de pena.

Por eso el día lunes arde como el petróleo
cuando me ve llegar con mi cara de cárcel,
y aúlla en su transcurso como una rueda herida,
y da pasos de sangre caliente hacia la noche.

Y me empuja a ciertos rincones, a ciertas casas húmedas,
a hospitales donde los huesos salen por la ventana,
a ciertas zapaterías con olor a vinagre,
a calles espantosas como grietas.

Hay pájaros de color de azufre y horribles intestinos
colgando de las puertas de las casas que odio,
hay dentaduras olvidadas en una cafetera,
hay espejos
que debieran haber llorado de vergüenza y espanto,
hay paraguas en todas partes, y venenos, y ombligos.

Yo paseo con calma, con ojos, con zapatos,
con furia, con olvido,
paso, cruzo oficinas y tiendas de ortopedia,
y patios donde hay ropas colgadas de un alambre:
calzoncillos, toallas y camisas que lloran
lentas lágrimas sucias.

ENTRADA EN LA MADERA

CON mi razón apenas, con mis dedos,
con lentas aguas lentas inundadas,
caigo al imperio de los nomeolvides,
a una tenaz atmósfera de luto,
a una olvidada sala decaída,
a un racimo de tréboles amargos.

Caigo en la sombra, en medio
de destruidas cosas,
y miro arañas, y apaciento bosques
de secretas maderas inconclusas,
y ando entre húmedas fibras arrancadas
al vivo ser de substancia y silencio.

Dulce materia, oh rosa de alas secas,
en mi hundimiento tus pétalos subo
con pies pesados de roja fatiga,
y en tu catedral dura me arrodillo
golpeándome los labios con un ángel.

Es que soy yo ante tu color de mundo,
ante tus pálidas espadas muertas,
ante tus corazones reunidos,
ante tu silenciosa multitud.

Soy yo ante tu ola de olores muriendo,
envueltos en otoño y resistencia:
soy yo emprendiendo un viaje funerario
entre sus cicatrices amarillas:

soy yo con mis lamentos sin origen,
sin alimentos, desvelado, solo,
entrando oscurecidos corredores,
llegando a tu materia misteriosa.

Veo moverse tus corrientes secas,
veo crecer manos interrumpidas,
oigo tus vegetales oceánicos
crujir de noche y furia sacudidos,
y siento morir hojas hacia adentro,
incorporando materiales verdes
a tu inmovilidad desamparada.

Poros, vetas, círculos de dulzura,
peso, temperatura silenciosa,
flechas pegadas a tu alma caída,
seres dormidos en tu boca espesa,
polvo de dulce pulpa consumida,
ceniza llena de apagadas almas,
venid a mí, a mi sueño sin medida,
caed en mi alcoba en que la noche cae
y cae sin cesar como agua rota,
y a vuestra vida, a vuestra muerte asidme,
a vuestros materiales sometidos,
a vuestras muertas palomas neutrales,
y hagamos fuego, y silencio, y sonido,
y ardamos, y callemos, y campanas.

VUELVE EL OTOÑO

UN enlutado día cae de las campanas
como una temblorosa tela de vaga viuda,
es un color, un sueño
de cerezas hundidas en la tierra,
es una cola de humo que llega sin descanso
a cambiar el color del agua y de los besos.

No sé si se me entiende: cuando desde lo alto
se avecina la noche, cuando el solitario poeta
a la ventana oye correr el corcel del otoño
y las hojas del miedo pisoteado crujen en sus arterias,
hay algo sobre el cielo, como lengua de buey
espeso, algo en la duda del cielo y de la atmósfera.

Vuelven las cosas a su sitio,
el abogado indispensable, las manos, el aceite,
las botellas,
todos los indicios de la vida: las camas, sobre todo,
están llenas de un líquido sangriento,
la gente deposita sus confianzas en sórdidas orejas,
los asesinos bajan escaleras,
pero no es esto, sino el viejo galope,
el caballo del viejo otoño que tiembla y dura.

El caballo del viejo otoño tiene la barba roja
y la espuma del miedo le cubre las mejillas
y el aire que le sigue tiene forma de océano
y perfume de vaga podredumbre enterrada.

Todos los días baja del cielo un color ceniciento
que las palomas deben repartir por la tierra:
la cuerda que el olvido y las lágrimas tejen,
el tiempo que ha dormido largos años dentro de las campanas,
todo,
los viejos trajes mordidos, las mujeres que ven venir la nieve,
las amapolas negras que nadie puede contemplar sin morir,
todo cae a las manos que levanto
en medio de la lluvia.

DE
TERCERA
RESIDENCIA

EXPLICO ALGUNAS COSAS

PREGUNTARÉIS: Y dónde están las lilas?
Y la metafísica cubierta de amapolas?
Y la lluvia que a menudo golpeaba
sus palabras llenándolas
de agujeros y pájaros?

Os voy a contar todo lo que me pasa.

Yo vivía en un barrio
de Madrid, con campanas,
con relojes, con árboles.

Desde allí se veía
el rostro seco de Castilla
como un océano de cuero.
                    Mi casa era llamada
la casa de las flores, porque por todas partes
estallaban geranios: era
una bella casa
con perros y chiquillos.
                    Raúl, te acuerdas?
Te acuerdas, Rafael?
                    Federico, te acuerdas
debajo de la tierra,
te acuerdas de mi casa con balcones en donde
la luz de junio ahogaba flores en tu boca?
                    Hermano, hermano!
Todo
eran grandes voces, sal de mercaderías,

aglomeraciones de pan palpitante,
mercados de mi barrio de Argüelles con su estatua
como un tintero pálido entre las merluzas:
el aceite llegaba a las cucharas,
un profundo latido
de pies y manos llenaba las calles,
metros, litros, esencia
aguda de la vida,

                     pescados hacinados,
contextura de techos con sol frío en el cual
la flecha se fatiga,
delirante marfil fino de las patatas,
tomates repetidos hasta el mar.

Y una mañana todo estaba ardiendo
y una mañana las hogueras
salían de la tierra
devorando seres,
y desde entonces fuego,
pólvora desde entonces,
y desde entonces sangre.
Bandidos con aviones y con moros,
bandidos con sortijas y duquesas,
bandidos con frailes negros bendiciendo
venían por el cielo a matar niños,
y por las calles la sangre de los niños
corría simplemente, como sangre de niños.

Chacales que el chacal rechazaría,
piedras que el cardo seco mordería escupiendo,
víboras que las víboras odiaran!

Frente a vosotros he visto la sangre
de España levantarse
para ahogaros en una sola ola
de orgullo y de cuchillos!

Generales
traidores:
mirad mi casa muerta,
mirad España rota:
pero de cada casa muerta sale metal ardiendo
en vez de flores,
pero de cada hueco de España
sale España,
pero de cada niño muerto sale un fusil con ojos,
pero de cada crimen nacen balas
que os hallarán un día el sitio
del corazón.

Preguntaréis por qué su poesía
no nos habla del sueño, de las hojas,
de los grandes volcanes de su país natal?

Venid a ver la sangre por las calles,
venid a ver
la sangre por las calles,
venid a ver la sangre
por las calles!

CANTO GENERAL

AMOR AMÉRICA (1400)

ANTES de la peluca y la casaca
fueron los ríos, ríos arteriales:
fueron las cordilleras, en cuya onda raída
el cóndor o la nieve parecían inmóviles:
fue la humedad y la espesura, el trueno
sin nombre todavía, las pampas planetarias.

El hombre tierra fue, vasija, párpado
del barro trémulo, forma de la arcilla,
fue cántaro caribe, piedra chibcha,
copa imperial o sílice araucana.
Tierno y sangriento fue, pero en la empuñadura
de su arma de cristal humedecida,
las iniciales de la tierra estaban
escritas.
          Nadie pudo
recordarlas después: el viento
las olvidó, el idioma del agua
fue enterrado, las claves se perdieron
o se inundaron de silencio o sangre.

No se perdió la vida, hermanos pastorales.
Pero como un rosa salvaje
cayó una gota roja en la espesura
y se apagó una lámpara de tierra.

Yo estoy aquí para contar la historia.
Desde la paz del búfalo
hasta las azotadas arenas

de la tierra final, en las espumas
acumuladas de la luz antártica,
y por las madrigueras despeñadas
de la sombría paz venezolana,
te busqué, padre mío,
joven guerrero de tiniebla y cobre,
oh tú, planta nupcial, cabellera indomable,
madre caimán, metálica paloma.

Yo, incásico del légamo,
toqué la piedra y dije:
Quién
me espera? Y apreté la mano
sobre un puñado de cristal vacío.
Pero anduve entre flores zapotecas
y dulce era la luz como un venado,
y era la sombra como un párpado verde.

Tierra mía sin nombre, sin América,
estambre equinoccial, lanza de púrpura,
tu aroma me trepó por las raíces
hasta la copa que bebía, hasta la más delgada
palabra aún no nacida de mi boca.

ALTURAS DE MACCHU PICCHU

I

DEL aire al aire, como una red vacía,
iba yo entre las calles y la atmósfera, llegando y despidiendo,
en el advenimiento del otoño la moneda extendida
de las hojas, y entre la primavera y las espigas,
lo que el más grande amor, como dentro de un guante
que cae, nos entrega como una larga luna.

(Días de fulgor vivo en la intemperie
de los cuerpos: aceros convertidos
al silencio del ácido:
noches deshilachadas hasta la última harina:
estambres agredidos de la patria nupcial.)

Alguien que me esperó entre los violines
encontró un mundo como una torre enterrada
hundiendo su espiral más abajo de todas
las hojas de color de ronco azufre:
más abajo, en el oro de la geología,
como una espada envuelta en meteoros,
hundí la mano turbulenta y dulce
en lo más genital de lo terrestre.

Puse la frente entre las olas profundas,
descendí como gota entre la paz sulfúrica,
y, como un ciego, regresé al jazmín
de la gastada primavera humana.

II

SI la flor a la flor entrega el alto germen
y la roca mantiene su flor diseminada
en su golpeado traje de diamante y arena,
el hombre arruga el pétalo de la luz que recoge
en los determinados manantiales marinos
y taladra el metal palpitante en sus manos.
Y pronto, entre la ropa y el humo, sobre la mesa hundida,
como una barajada cantidad, queda el alma:
cuarzo y desvelo, lágrimas en el océano
como estanques de frío: pero aún
mátala y agonízala con papel y con odio
sumérgela en la alfombra cotidiana, desgárrala
entre las vestiduras hostiles del alambre.

No: por los corredores, aire, mar o caminos,
quién guarda su puñal (como las encarnadas
amapolas su sangre)? La cólera ha extenuado
la triste mercancía del vendedor de seres,
y, mientras en la altura del ciruelo, el rocío
desde mil años deja su carta transparente
sobre la misma rama que lo espera, oh corazón, oh frente
        triturada
entre las cavidades del otoño.

Cuántas veces en las calles de invierno de una ciudad o en
un autobús o un barco en el crepúsculo, o en la soledad
más espesa, la de la noche de fiesta, bajo el sonido
de sombras y campanas, en la misma gruta del placer humano,
me quise detener a buscar la eterna veta insondable

que antes toqué en la piedra o en el relámpago que el beso
    desprendía.

(Lo que en el cereal como una historia amarilla
de pequeños pechos preñados va repitiendo un número
que sin cesar es ternura en las capas germinales,
y que, idéntica siempre, se desgrana en marfil
y lo que en el agua es patria transparente, campana
desde la nieve aislada hasta las olas sangrientas.)

No pude asir sino un racimo de rostros o de máscaras
precipitadas, como anillos de oro vacío,
como ropas dispersas hijas de un otoño rabioso
que hiciera temblar el miserable árbol de las razas asustadas.

No tuve sitio donde descansar la mano
y que, corriente como agua de manantial encadenado,
o firme como grumo de antracita o cristal,
hubiera devuelto el calor o el frío de mi mano extendida.
Qué era el hombre? En qué parte de su conversación abierta
entre los almacenes y los silbidos, en cuál de sus movimientos
    metálicos
vivía lo indestructible, lo imperecedero, la vida?

VI

ENTONCES en la escala de la tierra he subido
entre la atroz maraña de las selvas perdidas
hasta ti, Macchu Picchu.
Alta ciudad de piedras escalares,
por fin morada del que lo terrestre

no escondió en las dormidas vestiduras.
En ti, como dos líneas paralelas,
la cuna del relámpago y del hombre
se mecían en un viento de espinas.

Madre de piedra, espuma de los cóndores.

Alto arrecife de la aurora humana.

Pala perdida en la primera arena.

Ésta fue la morada, éste es el sitio:
aquí los anchos granos del maíz ascendieron
y bajaron de nuevo como granizo rojo.

Aquí la hebra dorada salió de la vicuña
a vestir los amores, los túmulos, las madres,
el rey, las oraciones, los guerreros.

Aquí los pies del hombre descansaron de noche
junto a los pies del águila, en las altas guaridas
carniceras, y en la aurora
pisaron con los pies del trueno la niebla enrarecida,
y tocaron las tierras y las piedras
hasta reconocerlas en la noche o la muerte.

Miro las vestiduras y las manos,
el vestigio del agua en la oquedad sonora,
la pared suavizada por el tacto de un rostro
que miró con mis ojos las lámparas terrestres,
que aceitó con mis manos las desaparecidas
maderas: porque todo, ropaje, piel, vasijas,

palabras, vino, panes,
se fue, cayó a la tierra.

Y el aire entró con dedos
de azahar sobre todos los dormidos:
mil años de aire, meses, semanas de aire,
de viento azul, de cordillera férrea,
que fueron como suaves huracanes de pasos
lustrando el solitario recinto de la piedra.

IX

ÁGUILA sideral, viña de bruma.
Bastión perdido, cimitarra ciega.
Cinturón estrellado, pan solemne.
Escala torrencial, párpado inmenso.
Túnica triangular, polen de piedra.
Lámpara de granito, pan de piedra.
Serpiente mineral, rosa de piedra.
Nave enterrada, manantial de piedra.
Caballo de la luna, luz de piedra.
Escuadra equinoccial, vapor de piedra.
Geometría final, libro de piedra.
Témpano entre las ráfagas labrado.
Madrépora del tiempo sumergido.
Muralla por los dedos suavizada.
Techumbre por las plumas combatida.
Ramos de espejo, bases de tormenta.
Tronos volcados por la enredadera.
Régimen de la garra encarnizada.
Vendaval sostenido en la vertiente.

Inmóvil catarata de turquesa.
Campana patriarcal de los dormidos.
Argolla de las nieves dominadas.
Hierro acostado sobre sus estatuas.
Inaccesible temporal cerrado.
Manos de puma, roca sanguinaria.
Torre sombrera, discusión de nieve.
Noche elevada en dedos y raíces.
Ventana de las nieblas, paloma endurecida.
Planta nocturna, estatua de los truenos.
Cordillera esencial, techo marino.
Arquitectura de águilas perdidas.
Cuerda del cielo, abeja de la altura.
Nivel sangriento, estrella construida.
Burbuja mineral, luna de cuarzo.
Serpiente andina, frente de amaranto.
Cúpula del silencio, patria pura.
Novia del mar, árbol de catedrales.
Ramo de sal, cerezo de alas negras.
Dentadura nevada, trueno frío.
Luna arañada, piedra amenazante.
Cabellera del frío, acción del aire.
Volcán de manos, catarata oscura.
Ola de plata, dirección del tiempo.

XII

Sube a nacer conmigo, hermano.

Dame la mano desde la profunda
zona de tu dolor diseminado.

No volverás del fondo de las rocas.
No volverás del tiempo subterráneo.
No volverá tu voz endurecida.
No volverán tus ojos taladrados.
Mírame desde el fondo de la tierra,
labrador, tejedor, pastor callado:
domador de guanacos tutelares:
albañil del andamio desafiado:
aguador de las lágrimas andinas:
joyero de los dedos machacados:
agricultor temblando en la semilla:
alfarero en tu greda derramado:
traed a la copa de esta nueva vida
vuestros viejos dolores enterrados.
Mostradme vuestra sangre y vuestro surco,
decidme: aquí fui castigado,
porque la joya no brilló o la tierra
no entregó a tiempo la piedra o el grano:
señaladme la piedra en que caísteis
y la madera en que os crucificaron,
encendedme los viejos pedernales,
las viejas lámparas, los látigos pegados
a través de los siglos en las llagas
y las hachas de brillo ensangrentado.
Yo vengo a hablar por vuestra boca muerta.
A través de la tierra juntad todos
los silenciosos labios derramados
y desde el fondo habladme toda esta larga noche
como si yo estuviera con vosotros anclado,
contadme todo, cadena a cadena,
eslabón a eslabón, y paso a paso,
afilad los cuchillos que guardasteis,

ponedlos en mi pecho y en mi mano,
como un río de rayos amarillos,
como un río de tigres enterrados,
y dejadme llorar, horas, días, años,
edades ciegas, siglos estelares.

Dadme el silencio, el agua, la esperanza.

Dadme la lucha, el hierro, los volcanes.

Apegadme los cuerpos como imanes.

Acudid a mis venas y a mi boca.

Hablad por mis palabras y mi sangre.

MANUEL RODRÍGUEZ

SEÑORA, dicen que donde,
mi madre dicen, dijeron,
el agua y el viento dicen
que vieron al guerrillero.

VIDA Puede ser un obispo,
puede y no puede,
puede ser sólo el viento
sobre la nieve:
sobre la nieve, sí,
madre, no mires,
que viene galopando
Manuel Rodríguez.
Ya viene el guerrillero
por el estero.

CUECA

PASIÓN Saliendo de Melipilla,
corriendo por Talagante,
cruzando por San Fernando,
amaneciendo en Pomaire.

Pasando por Rancagua,
por San Rosendo,
por Cauquenes, por Chena,

por Nacimiento:
por Nacimiento, sí,
desde Chiñigüe,
por todas partes viene
Manuel Rodríguez.
Pásale este clavel.
Vamos con él.

CUECA

Que se apaguen las guitarras,
que la patria está de duelo.
Nuestra tierra se oscurece.
Mataron al guerrillero.

Y MUERTE En Til-Til lo mataron
los asesinos,
su espalda está sangrando
sobre el camino:
sobre el camino, sí.

Quién lo diría,
él, que era nuestra sangre,
nuestra alegría.
La tierra está llorando.
Vamos callando.

ODA DE INVIERNO AL RÍO MAPOCHO

OH, sí, nieve imprecisa,
oh, sí, temblando en plena flor de nieve,
párpado boreal, pequeño rayo helado
quién, quién te llamó hacia el ceniciento valle,
quién, quién te arrastró desde el pico del águila
hasta donde tus aguas puras tocan
los terribles harapos de mi patria?
Río, por qué conduces
agua fría y secreta,
agua que el alba dura de las piedras
guardó en su catedral inaccesible,
hasta los pies heridos de mi pueblo?
Vuelve, vuelve a tu copa de nieve, río amargo,
vuelve, vuelve a tu copa de espaciosas escarchas,
sumerge tu plateada raíz en tu secreto origen
o despéñate y rómpete en otro mar sin lágrimas!
Río Mapocho, cuando la noche llega
y como negra estatua echada
duerme bajo tus puentes con un racimo negro
de cabezas golpeadas por el frío y el hambre
como por dos inmensas águilas, oh río,
oh duro río parido por la nieve,
por qué no te levantas como inmenso fantasma
o como nueva cruz de estrellas para los olvidados?
No, tu brusca ceniza corre ahora
junto al sollozo echado al agua negra,
junto a la manga rota que el viento endurecido
hace temblar debajo de las hojas de hierro.
Río Mapocho, adónde llevas

plumas de hielo para siempre heridas,
siempre junto a tu cárdena ribera
la flor salvaje nacerá mordida por los piojos
y tu lengua de frío raspará las mejillas
de mi patria desnuda?
                    Oh, que no sea,
oh, que no sea, y que una gota de tu espuma negra
salte del légamo a la flor del fuego
y precipite la semilla del hombre!

DE
LOS VERSOS
DEL CAPITÁN

LA NOCHE EN LA ISLA

TODA la noche he dormido contigo
junto al mar, en la isla.
Salvaje y dulce eras entre el placer y el sueño,
entre el fuego y el agua.

Tal vez muy tarde
nuestros sueños se unieron
en lo alto o en el fondo,
arriba como ramas que un mismo viento mueve,
abajo como rojas raíces que se tocan.

Tal vez tu sueño
se separó del mío
y por el mar oscuro
me buscaba
como antes
cuando aún no existías,
cuando sin divisarte
navegué por tu lado,
y tus ojos buscaban
lo que ahora
—pan, vino, amor y cólera—
te doy a manos llenas
porque tú eres la copa
que esperaba los dones de mi vida.

He dormido contigo
toda la noche mientras
la oscura tierra gira

con vivos y con muertos,
y al despertar de pronto
en medio de la sombra
mi brazo rodeaba tu cintura.
Ni la noche, ni el sueño
pudieron separarnos.

He dormido contigo
y al despertar tu boca
salida de tu sueño
me dio el sabor de tierra,
de agua marina, de algas,
del fondo de tu vida,
y recibí tu beso
mojado por la aurora
como si me llegara
del mar que nos rodea.

EL TIGRE

SOY el tigre.
Te acecho entre las hojas
anchas como lingotes
de mineral mojado.

El río blanco crece
bajo la niebla. Llegas.

Desnuda te sumerges.
Espero.

Entonces en un salto
de fuego, sangre, dientes,
de un zarpazo derribo
tu pecho, tus caderas.

Bebo tu sangre, rompo
tus miembros uno a uno.

Y me quedo velando
por años en la selva
tus huesos, tu ceniza,
inmóvil, lejos
del odio y de la cólera,
desarmado en tu muerte,
cruzado por las lianas,
inmóvil en la lluvia,
centinela implacable
de mi amor asesino.

ODAS ELEMENTALES

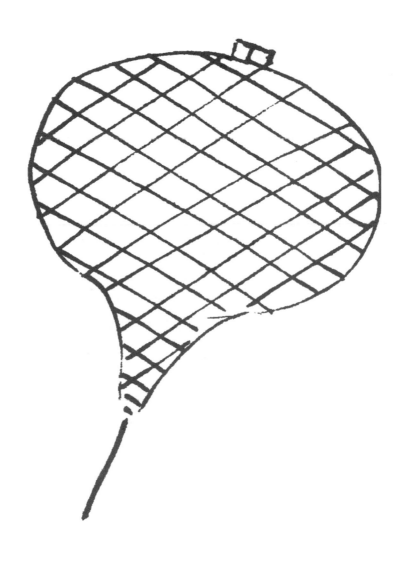

ODA AL AIRE

ANDANDO en un camino
encontré al aire,
lo saludé y le dije
con respeto:
"Me alegro
de que por una vez
dejes tu transparencia,
así hablaremos".
El incansable,
bailó, movió las hojas,
sacudió con su risa
el polvo de mis suelas,
y levantando toda
su azul arboladura,
su esqueleto de vidrio,
sus párpados de brisa,
inmóvil como un mástil
se mantuvo escuchándome.
Yo le besé su capa
de rey del cielo,
me envolví en su bandera
de seda celestial
y le dije:
monarca o camarada,
hilo, corola o ave,
no sé quién eres, pero
una cosa te pido,
no te vendas.
El agua se vendió

y de las cañerías
en el desierto
he visto
terminarse las gotas
y el mundo pobre, el pueblo
caminar con su sed
tambaleando en la arena.
Vi la luz de la noche
racionada,
la gran luz en la casa
de los ricos.
Todo es aurora en los
nuevos jardines suspendidos,
todo es oscuridad
en la terrible
sombra del callejón.
De allí la noche,
madre madrastra,
sale
con un puñal en medio
de sus ojos de búho,
y un grito, un crimen,
se levantan y apagan
tragados por la sombra.
No, aire,
no te vendas,
que no te canalicen,
que no te entuben,
que no te encajen
ni te compriman,
que no te hagan tabletas,
que no te metan en una botella,

cuidado!
llámame,
cuando me necesites,
yo soy el poeta hijo
de pobres, padre, tío,
primo, hermano carnal
y concuñado
de los pobres, de todos,
de mi patria y las otras,
de los pobres que viven junto al río
y de los que en la altura
de la vertical cordillera
pican piedra,
clavan tablas,
cosen ropa,
cortan leña,
muelen tierra,
y por eso
yo quiero que respiren,
tú eres lo único que tienen,
por eso eres
transparente,
para que vean
lo que vendrá mañana,
por eso existes,
aire,
déjate respirar,
no te encadenes,
no te fíes de nadie
que venga en automóvil
a examinarte,
déjalos,

ríete de ellos,
vuélales el sombrero,
no aceptes
sus proposiciones,
vamos juntos
bailando por el mundo,
derribando las flores
del manzano,
entrando en las ventanas,
silbando juntos,
silbando
melodías
de ayer y de mañana,
ya vendrá un día
en que libertaremos
la luz y el agua,
la tierra, el hombre,
y todo para todos
será, como tú eres.
Por eso, ahora,
cuidado!
y ven conmigo,
nos queda mucho
que bailar y cantar,
vamos
a lo largo del mar,
a lo alto de los montes,
vamos
donde esté floreciendo
la nueva primavera
y en un golpe de viento
y canto

repartamos las flores,
el aroma, los frutos,
el aire
de mañana.

ODA A LA CEBOLLA

CEBOLLA,
luminosa redoma,
pétalo a pétalo
se formó tu hermosura,
escamas de cristal te acrecentaron
y en el secreto de la tierra oscura
se redondeó tu vientre de rocío.
Bajo la tierra
fue el milagro
y cuando apareció
tu torpe tallo verde,
y nacieron
tus hojas como espadas en el huerto,
la tierra acumuló su poderío
mostrando tu desnuda transparencia,
y como en Afrodita el mar remoto
duplicó la magnolia
levantando sus senos,
la tierra
así te hizo,
cebolla,
clara como un planeta,
y destinada
a relucir,
constelación constante,
redonda rosa de agua,
sobre
la mesa
de las pobres gentes.

Generosa
deshaces
tu globo de frescura
en la consumación
ferviente de la olla,
y el jirón de cristal
al calor encendido del aceite
se transforma en rizada pluma de oro.

También recordaré como fecunda
tu influencia el amor de la ensalada
y parece que el cielo contribuye
dándote fina forma de granizo
a celebrar tu claridad picada
sobre los hemisferios de un tomate.
Pero al alcance
de las manos del pueblo,
regada con aceite,
espolvoreada
con un poco de sal,
matas el hambre
del jornalero en el duro camino.
Estrella de los pobres,
hada madrina
envuelta
en delicado
papel, sales del suelo,
eterna, intacta, pura
como semilla de astro,
y al cortarte
el cuchillo en la cocina
sube la única lágrima

sin pena.
Nos hiciste llorar sin afligirnos.

Yo cuanto existe celebré, cebolla,
pero para mí eres
más hermosa que un ave
de plumas cegadoras,
eres para mis ojos
globo celeste, copa de platino,
baile inmóvil
de anémona nevada

y vive la fragancia de la tierra
en tu naturaleza cristalina.

ODA AL LABORATORISTA

HAY un hombre
escondido,
mira
con un solo ojo
de cíclope eficiente,
son minúsculas cosas,
sangre,
gotas de agua,
mira
y escribe o cuenta,
allí en la gota
circula el universo,
la vía láctea tiembla
como un pequeño río,
mira
el hombre
y anota,
en la sangre
mínimos puntos rojos,
movedizos
planetas
o invasiones
de fabulosos regimientos blancos,
el hombre
con su ojo
anota,
escribe
allí encerrado
el volcán de la vida,

la esperma
con su titilación de firmamento,
cómo aparece
el rápido tesoro
tembloroso,
las semillitas de hombre,
luego
en su círculo pálido
una gota
de orina
muestra países de ámbar
o en tu carne
montañas de amatista,
temblorosas praderas,
constelaciones verdes,
pero
él anota, escribe,
descubre
una amenaza,
un punto
dividido,

un nimbo negro,
lo identifica, encuentra
su prontuario,
ya no puede escaparse,
pronto
en tu cuerpo será la cacería,
la batalla
que comenzó en el ojo
del laboratorista:
será de noche, junto

a la madre la muerte,
junto al niño las alas
del invisible espanto,
la batalla en la herida,
todo
comenzó
con el hombre
y su ojo
que buscaba
en el cielo
de la sangre
una estrella maligna.
Allí con blusa blanca
sigue
buscando
el signo,
el número,
el color
de la muerte
o la vida,
descifrando
la textura
del dolor, descubriendo
la insignia de la fiebre
o el primer síntoma
del crecimiento humano.

Luego
el descubridor
desconocido,
el hombre
que viajó por tus venas

o denunció
un viajero enmascarado
en el Sur o en el Norte
de tus vísceras,
el temible
hombre con ojo
descuelga su sombrero,
se lo pone,
enciende un cigarrillo
y entra en la calle,
se mueve, se desprende,
se reparte en las calles,
se agrega a la espesura de los hombres,
por fin desaparece
como el dragón
el diminuto y circulante monstruo
que se quedó olvidado en una gota
en el laboratorio.

ODA A VALPARAÍSO

VALPARAÍSO,
qué disparate
eres,
qué loco,
puerto loco,
qué cabeza
con cerros,
desgreñada,
no acabas
de peinarte,
nunca
tuviste
tiempo de vestirte,
siempre
te sorprendió
la vida,
te despertó la muerte,
en camisa,
en largos calzoncillos
con flecos de colores,
desnudo
con un nombre
tatuado en la barriga,
y con sombrero,
te agarró el terremoto,
corriste
enloquecido,
te quebraste las uñas,
se movieron

las aguas y las piedras,
las veredas,
el mar,
la noche,
tú dormías
en tierra,
cansado
de tus navegaciones,
y la tierra,
furiosa,
levantó su oleaje
más tempestuoso
que el vendaval marino,
el polvo
te cubría
los ojos,
las llamas
quemaban tus zapatos,
las sólidas
casas de los banqueros
trepidaban
como heridas ballenas,
mientras arriba
las casas de los pobres
saltaban
al vacío
como aves
prisioneras
que probando las alas
se desploman.

Pronto,
Valparaíso,
marinero,
te olvidas
de las lágrimas,
vuelves
a colgar tus moradas,
a pintar puertas
verdes,
ventanas
amarillas,
todo
lo transformas en nave,
eres
la remendada proa
de un pequeño,
valeroso
navío.
La tempestad corona
con espuma
tus cordeles que cantan
y la luz del océano
hace temblar camisas
y banderas
en tu vacilación indestructible.

Estrella
oscura
eres
de lejos,
en la altura de la costa
resplandeces

y pronto
entregas
tu escondido fuego,
el vaivén
de tus sordos callejones,
el desenfado
de tu movimiento,
la claridad
de tu marinería.
Aquí termino, es esta
oda,
Valparaíso,
tan pequeña
como una camiseta
desvalida,
colgando
en tus ventanas harapientas,
meciéndose
en el viento
del océano,
impregnándose
de todos
los dolores
de tu suelo,
recibiendo
el rocío
de los mares, el beso
del ancho mar colérico
que con toda su fuerza
golpeándose en tu piedra
no pudo
derribarte,

porque en tu pecho austral
están tatuadas
la lucha,
la esperanza,
la solidaridad
y la alegría
como anclas
que resisten
las olas de la tierra.

DE
NUEVAS ODAS ELEMENTALES

ODA A LOS CALCETINES

ME trajo Maru Mori
un par
de calcetines
que tejió con sus manos
de pastora,
dos calcetines suaves
como liebres.
En ellos
metí los pies
como en
dos
estuches
tejidos
con hebras del
crepúsculo
y pellejo de ovejas.

Violentos calcetines,
mis pies fueron
dos pescados
de lana,
dos largos tiburones
de azul ultramarino
atravesados
por una trenza de oro,
dos gigantescos mirlos
dos cañones:
mis pies
fueron honrados

de este modo
por
estos
celestiales
calcetines.
Eran
tan hermosos
que por primera vez
mis pies me parecieron
inaceptables
como dos decrépitos
bomberos, bomberos,
indignos
de aquel fuego
bordado,
de aquellos luminosos
calcetines.

Sin embargo
resistí
la tentación aguda
de guardarlos
como los colegiales
preservan
las luciérnagas,
como los eruditos
coleccionan
documentos sagrados,
resistí
el impulso furioso
de ponerlos
en una jaula

de oro
y darles cada día
alpiste
y pulpa de melón rosado.
Como descubridores
que en la selva
entregan el rarísimo
venado verde
al asador
y se lo comen
con remordimiento,
estiré
los pies
y me enfundé
los
bellos
calcetines
y
luego los zapatos.

Y es ésta
la moral de mi oda:
dos veces es belleza
la belleza
y lo que es bueno es doblemente
bueno
cuando se trata de dos calcetines
de lana
en el invierno.

ODA AL DICCIONARIO

LOMO de buey, pesado
cargador, sistemático
libro espeso:
de joven
te ignoré, me vistió
la suficiencia
y me creí repleto,
y orondo como un
melancólico sapo
dictaminé: "Recibo
las palabras
directamente
del Sinaí bramante.
Reduciré
las formas a la alquimia.
Soy mago".

El gran mago callaba.

El Diccionario,
viejo y pesado, con su chaquetón
de pellejo gastado,
se quedó silencioso
sin mostrar sus probetas.

Pero un día,
después de haberlo usado
y desusado,
después

de declararlo
inútil y anacrónico camello,
cuando por largos meses, sin protesta,
me sirvió de sillón
y de almohada,
se rebeló y plantándose
en mi puerta
creció, movió sus hojas
y sus nidos,
movió la elevación de su follaje:
árbol
era,
natural,
generoso
manzano, manzanar o manzanero,
y las palabras,
brillaban en su copa inagotable,
opacas o sonoras,
fecundas en la fronda del lenguaje,
cargadas de verdad y de sonido.

Aparto una
sola de
sus
páginas:
Caporal
Capuchón
qué maravilla
pronunciar estas sílabas
con aire,
y más abajo
Cápsula

hueca, esperando aceite o ambrosía,
y junto a ellas
Captura Capucete Capuchina
Caprario Captatorio
palabras
que se deslizan como suaves uvas
o que a la luz estallan
como gérmenes ciegos que esperaron
en las bodegas del vocabulario
y viven otra vez y dan la vida:
una vez más el corazón las quema.

Diccionario, no eres
tumba, sepulcro, féretro,
túmulo, mausoleo,
sino preservación,
fuego escondido,
plantación de rubíes,
perpetuidad viviente
de la esencia,
granero del idioma.
Y es hermoso
recoger en tus filas
la palabra
de estirpe,
la severa
y olvidada
sentencia,
hija de España,
endurecida
como reja de arado,
fija en su límite

de anticuada herramienta,
preservada
con su hermosura exacta
y su dureza de medalla.
O la otra
palabra
que allí vimos perdida
entre renglones
y que de pronto
se hizo sabrosa y lisa en nuestra boca
como una almendra
o tierna como un higo.

Diccionario, una mano
de tus mil manos, una
de tus mil esmeraldas,
una
sola
gota
de tus vertientes virginales,
un grano
de
tus
magnánimos graneros
en el momento
justo
a mis labios conduce,
al hilo de mi pluma,
a mi tintero.
De tu espesa y sonora
profundidad de selva,
dame,

cuando lo necesite,
un solo trino, el lujo
de una abeja,
un fragmento caído
de tu antigua madera perfumada
por una eternidad de jazmineros,
una
sílaba,
un temblor, un sonido,
una semilla:
de tierra soy y con palabras canto.

DE
TERCER LIBRO
DE ODAS

ODA A LA ABEJA

MULTITUD de la abeja!
Entra y sale
del carmín, del azul,
del amarillo,
de la más suave
suavidad del mundo:
entra en
una corola
precipitadamente,
por negocios,
sale
con traje de oro
y cantidad de botas
amarillas.

Perfecta
desde la cintura,
el abdomen rayado
por barrotes oscuros,
la cabecita
siempre
preocupada
y las
alas
recién hechas de agua:
entra
por todas las ventanas olorosas,
abre
las puertas de la seda,

penetra por los tálamos
del amor más fragante,
tropieza
con
una
gota
de rocío
como con un diamante
y de todas las casas
que visita
saca
miel
misteriosa,
rica y pesada
miel, espeso aroma,
líquida luz que cae en goterones,
hasta que a su
palacio
colectivo
regresa
y en las góticas almenas
deposita
el producto
de la flor y del vuelo,
el sol nupcial seráfico y secreto!

Multitud de la abeja!
Elevación
sagrada
de la unidad,
colegio
palpitante!

Zumban
sonoros
números
que trabajan
el néctar,
pasan
veloces
gotas
de ambrosía:
es la siesta
del verano en las verdes
soledades
de Osorno. Arriba
el sol clava sus lanzas
en la nieve,
relumbran los volcanes,
ancha
como
los mares
es la tierra,
azul es el espacio,
pero
hay algo
que tiembla, es
el quemante
corazón
del verano,
el corazón de miel
multiplicado,
la rumorosa
abeja,

el crepitante
panal
de vuelo y oro!

Abejas,
trabajadoras puras,
ojivales
obreras,
finas, relampagueantes
proletarias,
perfectas,
temerarias milicias
que en el combate atacan
con aguijón suicida,
zumbad,
zumbad sobre
los dones de la tierra,
familia de oro,
multitud del viento,
sacudid el incendio
de las flores,
la sed de los estambres,
el agudo
hilo
de olor
que reúne los días,
y propagad
la miel
sobrepasando
los continentes húmedos, las islas
más lejanas del cielo
del oeste.

Sí:
que la cera levante
estatuas verdes,
la miel
derrame
lenguas
infinitas,
y el océano sea
una
colmena,
la tierra
torre y túnica
de flores,
y el mundo
una cascada,
cabellera,
crecimiento
incesante
de panales!

ODA AL GALLO

VI un gallo
de plumaje
castellano:
de tela negra y blanca
cortaron
su camisa,
sus pantalones cortos
y las plumas arqueadas
de su cola.
Sus patas enfundadas
en botas amarillas
dejaban
brillar los espolones
desafiantes
y arriba
la soberbia
cabeza
coronada
de sangre
mantenía
toda aquella apostura:
la estatua
del orgullo.

Nunca
sobre
la tierra
vi tal seguridad,
tal gallardía:

era
como si el fuego
enarbolara
la precisión final
de su hermosura:
dos oscuros
destellos
de azabache
eran
apenas
los desdeñosos ojos
del gallo
que caminaba como
si danzara
pisando casi sin tocar la tierra.

Pero apenas
un grano
de maíz, un fragmento
de pan vieron sus ojos,
los levantó en el pico
como un joyero
eleva
con dedos delicados un diamante,
luego
llamó con guturales oratorias
a sus gallinas
y desde lo alto les dejó caer
el alimento.

Presidente no he visto
con galones y estrellas

adornado
como este
gallo
repartiendo
trigo,
ni he visto
inaccesible
tenor
como este puro
protagonista de oro
que desde
el trono
central de su universo
protegió a las mujeres
de su tribu
sin dejarse en la boca
sino orgullo,
mirando a todos lados,
buscando
el alimento
de la tierra
sólo
para su ávida
familia,
dirigiendo los pasos
al sol, a las vertientes,
a otro grano
de trigo.

Tu dignidad de torre,
de guerrero
benigno,

tu himno
hacia las alturas
levantado,
tu rápido
amor, rapto
de sombras emplumadas,
celebro,
gallo
negro
y blanco,
erguido,
resumen
de la viril integridad campestre,
padre
del huevo frágil, paladín
de la aurora,
ave de la soberbia,
ave sin nido,
que al hombre
destinó su sacrificio
sin someter
su estirpe,
ni derrumbar su canto.

No necesita vuelo
tu apostura,
mariscal del amor
y meteoro
a tantas excelencias
entregado
que si
esta

oda
cae
al gallinero
la picarás con displicencia suma
y la repartirás a tus gallinas.

ODA AL NACIMIENTO DE UN CIERVO

SE recostó la cierva
detrás
de la alambrada.
Sus ojos eran
dos oscuras almendras.
El gran ciervo velaba
y a mediodía
su corona de cuernos
brillaba
como
un altar encendido.

Sangre y agua,
una bolsa turgente,
palpitante,
y en ella
un nuevo ciervo
inerme, informe.

Allí quedó en sus turbias
envolturas
sobre el pasto manchado.
La cierva lo lamía
con su lengua de plata.
No podía moverse,
pero
de aquel confuso,
vaporoso envoltorio
sucio, mojado, inerte,

fue asomando
la forma,
el hociquillo agudo
de la real
estirpe,
los ojos más ovales
de la tierra,
las finas
piernas,
flechas
naturales del bosque.
Lo lamía la cierva
sin cesar, lo limpiaba
de oscuridad, y limpio
lo entregaba a la vida.

Así se levantó,
frágil, pero perfecto
y comenzó a moverse,
a dirigirse, a ser,
a descubrir las aguas en el monte.
Miró al mundo radiante.

El cielo sobre
su pequeña cabeza
era como una uva
transparente,
y se pegó a las ubres de la cierva
estremeciéndose como si recibiera
sacudidas de luz del firmamento.

DE
CIEN SONETOS
DE AMOR

XXIX

VIENES de la pobreza de las casas del Sur,
de las regiones duras con frío y terremoto
que cuando hasta sus dioses rodaron a la muerte
nos dieron la lección de la vida en la greda.

Eres un caballito de greda negra, un beso
de barro oscuro, amor, amapola de greda,
paloma del crepúsculo que voló en los caminos,
alcancía con lágrimas de nuestra pobre infancia.

Muchacha, has conservado tu corazón de pobre,
tus pies de pobre acostumbrados a las piedras,
tu boca que no siempre tuvo pan o delicia.

Eres del pobre Sur, de donde viene mi alma:
en su cielo tu madre sigue lavando ropa
con mi madre. Por eso te escogí, compañera.

DE

MEMORIAL DE
ISLA NEGRA

LA MAMADRE

LA mamadre viene por ahí,
con zuecos de madera. Anoche
sopló el viento del polo, se rompieron
los tejados, se cayeron
los muros y los puentes,
aulló la noche entera con sus pumas,
y ahora, en la mañana
de sol helado, llega
mi mamadre, doña
Trinidad Marverde,
dulce como la tímida frescura
del sol en las regiones tempestuosas,
lamparita
menuda y apagándose,
encendiéndose
para que todos vean el camino.

Oh dulce mamadre
—nunca pude
decir madrastra—,
ahora
mi boca tiembla para definirte,
porque apenas
abrí el entendimiento
vi la bondad vestida de pobre trapo oscuro,
la santidad más útil:
la del agua y la harina,
y eso fuiste: la vida te hizo pan
y allí te consumimos,

invierno largo a invierno desolado
con las goteras dentro
de la casa
y tu humildad ubicua
desgranando
el áspero
cereal de la pobreza
como si hubieras ido
repartiendo
un río de diamantes.

Ay mamá, cómo pude
vivir sin recordarte
cada minuto mío?
No es posible. Yo llevo
tu Marverde en mi sangre,
el apellido
del pan que se reparte,
de aquellas
dulces manos
que cortaron del saco de la harina
los calzoncillos de mi infancia,
de la que cocinó, planchó, lavó,
sembró, calmó la fiebre,
y cuando todo estuvo hecho,
y ya podía
yo sostenerme con los pies seguros,
se fue, cumplida, oscura,
al pequeño ataúd
donde por primera vez estuvo ociosa
bajo la dura lluvia de Temuco.

ARTE DE PÁJAROS

JILGUERO

(Spinus Barbatus)

ENTRE los álamos pasó
un pequeño dios amarillo:
veloz viajaba con el viento
y dejó en la altura un temblor,
una flauta de piedra pura,
un hilo de agua vertical,
el violín de la primavera:
como una pluma en una ráfaga
pasó, pequeña criatura,
pulso del día, polvo, polen,
nada tal vez, pero temblando
quedó la luz, el día, el oro.

DE
LA BARCAROLA

LA DULCE PATRIA

La tierra, mi tierra, mi barro, la luz sanguinaria del orto
   volcánico,
la paz claudicante del día y la noche de los terremotos,
el boldo, el laurel, la araucaria ocupando el perfil del
   planeta,
el pastel de maíz, la corvina saliendo del horno silvestre,
el latido del cóndor subiendo en la ascética piel de la
   nieve,
el collar de los ríos que ostentan las uvas de lagos sin
   nombre,
los patos salvajes que emigran al polo magnético rayando
   el crepúsculo de los litorales,
el hombre y su esposa que leen después de comida novelas
   heroicas,
las calles de Rengo, Rancagua, Renaico, Loncoche,
el humo del campo en otoño cerca de Quirihue,
allí donde mi alma parece una pobre guitarra que llora
cantando y cayendo la tarde en las aguas oscuras del río.

REGRESO

Ardiente es volver a la espuma que acosa mi casa, al vacío
que deja el océano después de entregar su carreta de
   truenos,
tocar otra vez con la sangre la ráfaga de frío y salmuera
que muerde la orilla de Chile aventando la arena
   amarilla.

Es azul regresar a la tierra escogida durante el combate,
levantar la bandera de un hombre sin reino
y esperar de la luz una red que aprisione la trémula plata
de los peces oscuros que pueblan el piélago puro.

Es eterno comer otra vez con el vino ancestral en la copa
la carne arrollada, los tomates de enero con la longaniza,
el ají cuya fresca fragancia te ataca y te muerde,
y a esta hora de sol las humitas de sal y delicia
desenvueltas de sus hojas de oro como vírgenes en el
   sacrificio.

DE
LAS MANOS DEL DÍA

EL CULPABLE

Me declaro culpable de no haber
hecho, con estas manos que me dieron,
una escoba.

Por qué no hice una escoba?

Por qué me dieron manos?

Para qué me sirvieron
si sólo vi el rumor del cereal,
si sólo tuve oídos para el viento
y no recogí el hilo
de la escoba,
verde aún en la tierra,
y no puse a secar los tallos tiernos
y no los pude unir
en un haz áureo
y no junté una caña de madera
a la falda amarilla
hasta dar una escoba a los caminos?

Así fue:
no sé cómo
se me pasó la vida
sin aprender, sin ver,
sin recoger y unir
los elementos.
En esta hora no niego
que tuve tiempo,

tiempo,
pero no tuve manos,
y así, cómo podía
aspirar con razón a la grandeza
si nunca fui capaz
de hacer
una escoba,
una sola,
una?

JARDÍN
DE INVIERNO

PÁJARO

Un pájaro elegante,
patas delgadas, cola interminable,
viene
cerca de mí, a saber qué animal soy.

Sucede en Primavera,
en Condé-sur-Iton, en Normandía.
Tiene una estrella o gota
de cuarzo, harina o nieve
en la frente minúscula
y dos rayas azules lo recorren
desde el cuello a la cola,
dos líneas estelares de turquesa.

Da minúsculos saltos
mirándome rodeado
de pasto verde y cielo
y son dos signos interrogativos
estos nerviosos ojos acechantes
como dos alfileres,
dos puntas negras, rayos diminutos
que me atraviesan para preguntarme
si vuelo y hacia dónde.
Intrépido, vestido
como una flor por sus ardientes plumas,
directo, decidido
frente a la hostilidad de mi estatura,
de pronto encuentra un grano o un gusano
y a saltos de delgados pies de alambre

abandona el enigma
de este gigante que se queda solo,
sin su pequeña vida pasajera.

Este libro se terminó de imprimir en el mes de
mayo de 2004, en los talleres de Quebecor
World Chile S. A., ubicados en Pajaritos 6920,
Santiago de Chile.

OTROS TÍTULOS